+ Atividades
Matemática

Linos Galdonne

Nome:

Turma:

Escola:

Professor:

Dados Internacionais de Catalogação na Publicação (CIP)
(Câmara Brasileira do Livro, SP, Brasil)

Galdonne, Linos
   +Atividades: matemática, 4 / Linos Galdonne. – São Paulo: Editora do Brasil, 2016.

   ISBN 978-85-10-06137-7 (aluno)
   ISBN 978-85-10-06383-8 (professor)

   1. Matemática (Ensino fundamental) 2. Matemática (Ensino fundamental) - Atividades e exercícios I. Título.

16-04267   CDD-372.7

Índices para catálogo sistemático:
1. Matemática: Ensino fundamental 372.7

© Editora do Brasil S.A., 2016
Todos os direitos reservados

Direção-geral: Vicente Tortamano Avanso
Direção adjunta: Maria Lucia Kerr Cavalcante de Queiroz

Direção editorial: Cibele Mendes Curto Santos
Gerência editorial: Felipe Ramos Poletti
Supervisão editorial: Erika Caldin
Supervisão de arte, editoração e produção digital: Adelaide Carolina Cerutti
Supervisão de direitos autorais: Marilisa Bertolone Mendes
Supervisão de controle de processos editoriais: Marta Dias Portero
Supervisão de revisão: Dora Helena Feres
Consultoria de iconografia: Tempo Composto Col. de Dados Ltda.

Coordenação de edição: Valéria Elvira Prete
Edição: Edson Ferreira de Souza e Rodrigo Pessota
Auxílio editorial: Paola Olegário da Costa
Coordenação de revisão: Otacilio Palareti
Copidesque: Gisélia Costa e Sylmara Beletti
Revisão: Alexandra Resende e Ana Carla Ximenes
Coordenação de iconografia: Léo Burgos
Pesquisa iconográfica: Adriana Vaz Abrão
Coordenação de arte: Maria Aparecida Alves
Assistência de arte: Carla Del Matto
Design gráfico: Estúdio Sintonia e Patrícia Lino
Capa: Maria Aparecida Alves
Imagem de capa: Deyan Georgiev/Shutterstock.com
Ilustrações: Eduardo Belmiro, Leonardo Conceição, João P. Mazzoco
Coordenação de editoração eletrônica: Abdonildo José de Lima Santos
Editoração eletrônica: José Anderson Campos
Licenciamentos de textos: Cinthya Utiyama, Paula Harue Tozaki e Renata Garbellini
Coordenação de produção CPE: Leila P. Jungstedt
Controle de processos editoriais: Beatriz Villanueva, Bruna Alves, Carlos Nunes e Rafael Machado

1ª edição / 4ª impressão, 2025
Impresso na Hawaii Gráfica e Editora

Avenida das Nações Unidas,12901
Torre Oeste, 20º andar
São Paulo, SP – CEP: 04578-910
Fone: +55 11 3226-0211
www.editoradobrasil.com.br

Sumário

Números e informações 5

1. Gráficos e tabelas 6
2. Pesquisas e coletas de dados 7
3. Números no dia a dia.................... 9

Sistemas de numeração 11

4. Sistema de numeração decimal 12
5. Sistema de numeração romano 14
6. Centenas, dezenas e unidades........... 16
7. Números e ordens...................... 17
8. Unidades de milhar 18
9. Dezenas de milhar 20
10. Centenas de milhar 21
11. O número 1 000 000.................... 22

Figuras geométricas 24

12. Figuras geométricas planas 25
13. Figuras geométricas não planas 27
14. Vistas de objetos 28
15. Polígonos 29

Adição e subtração 31

16. Adição 32
17. Propriedades da adição 34
18. Subtração............................. 35
19. Verificação de resultados.............. 37

Multiplicação 39

20. Multiplicando.......................... 40

21. Multiplicação por 10, 100 e 1 000 42
22. Propriedades da multiplicação 44
23. Multiplicação por números de dois algarismos 46

Divisão................................. 48

24. Dividindo 49
25. Divisão por aproximações e por estimativas............................ 51
26. Algoritmo usual da divisão 52

Figuras geométricas e medidas 54

27. Ampliação e redução de figuras 55
28. Perímetro 57
29. Medidas de comprimento.............. 60

Frações................................. 62

30. A ideia de fracionar 63
31. Frações de quantidades................ 65
32. Um pouco mais de frações 67
33. Adição e subtração com frações........ 69

Números decimais 71

34. Números decimais e medidas 72
35. Centésimos: centímetros e centavos.... 74
36. Milésimos: milímetros e mililitros 76
37. Adição e subtração com números decimais 79

Números e informações

1. Gráficos e tabelas
2. Pesquisas e coletas de dados
3. Números no dia a dia

1. Gráficos e tabelas

1 Complete a tabela a seguir, que indica o número de alunos em cada ano do Ensino Fundamental da Escola Aprender.

Ano	Meninos	Meninas	Quantidade de alunos
1º	40		78
2º	46	46	
3º	59	47	
4º			85
5º		46	81
Total		222	

Responda:

a) Qual operação aritmética você utilizou para calcular a quantidade total de alunos?
_____

b) Qual ano do Ensino Fundamental tem mais alunos?
_____

c) E qual tem menos alunos?
_____

2 Utilizando as informações da tabela anterior, foi construído o seguinte gráfico de colunas. Pinte e nomeie cada coluna conforme a legenda e dê um título para o gráfico.

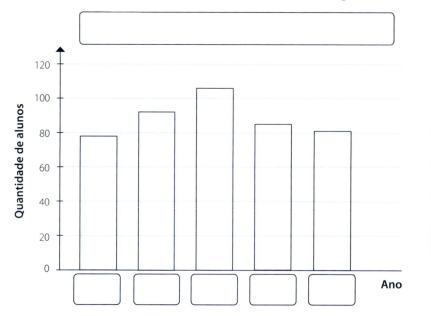

3 Use as informações do gráfico para completar a tabela e responda.

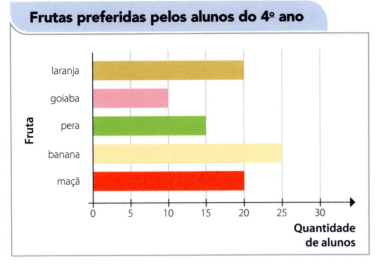

- Quantos alunos participaram da pesquisa?
_____

Fruta preferida	Quantidade de alunos

2. Pesquisas e coletas de dados

1 O gráfico a seguir foi elaborado após um levantamento feito pelo professor de Matemática sobre os acertos dos alunos do 4º ano do Ensino Fundamental nas questões A, B, C, D e E.

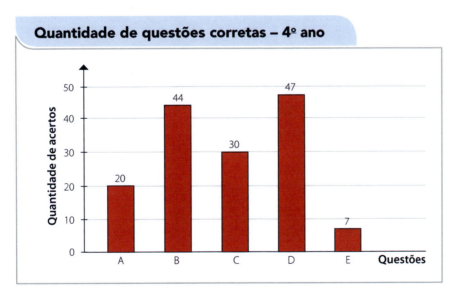

Segundo as informações do gráfico, responda:

a) Em qual questão os alunos apresentaram menor dificuldade? _____

b) E em qual apresentaram maior dificuldade? _____

2 Vamos fazer uma pesquisa com os colegas de turma? Elabore uma pergunta cuja resposta seja apenas "sim", "não" ou "talvez".

Pergunta:

_____

_____

_____

De acordo com os dados coletados, faça o que se pede.

a) Complete a tabela com a quantidade de cada resposta obtida.

Resposta	Quantidade
sim	
não	
talvez	

b) Na malha quadriculada a seguir, construa um gráfico de colunas com os dados da pesquisa.

c) Escreva uma conclusão sobre a pesquisa que você fez.

_____

_____

_____

3. Números no dia a dia

1 Observe as cédulas de dinheiro no quadro e depois responda às questões.

a) Qual é a quantia total que há no quadro acima?
_____

b) Com 2 cédulas de mesmo valor, qual é a quantia máxima que você consegue?
_____

c) Com 2 cédulas de diferentes valores, qual é a quantia máxima que você consegue?
_____

d) Juntando 6 cédulas de valores diferentes, qual quantia você consegue?
_____

e) Quais cédulas desse quadro precisamos reunir para formar exatamente 80 reais?
_____

2 Complete o calendário conforme o mês em que estamos.

Mês _____
Dom.	Seg.	Ter.	Qua.	Qui.	Sex.	Sáb.

Responda:

a) Há quantos dias neste mês? _____

b) Quantos domingos há neste mês? _____

c) Em que dia da semana caíram os dias 7, 14, 21 e 28? _____

d) O próximo mês iniciará em que dia da semana? _____

3 Desenhe os ponteiros das horas e dos minutos conforme o horário indicado em cada item.

a) 6 horas

e) 11 horas

i) 2 horas

b) 8 horas

f) 9 horas

j) 4 horas

c) 10 horas

g) 7 horas

k) 3 horas

d) 12 horas

h) 5 horas

l) 1 hora

4 Responda às questões.

a) Quantas voltas completas dá o ponteiro das horas em um dia inteiro?
_____

b) E o ponteiro dos minutos?
_____

Sistemas de numeração

4. Sistema de numeração decimal
5. Sistema de numeração romano
6. Centenas, dezenas e unidades
7. Números e ordens
8. Unidades de milhar
9. Dezenas de milhar
10. Centenas de milhar
11. O número 1 000 000

4. Sistema de numeração decimal

1 Complete as lacunas.

a) 1 dezena tem _____ unidades

b) 1 centena tem _____ unidades ou _____ dezenas

c) 1 unidade de milhar tem _____ unidades ou _____ dezenas ou _____ centenas

2 Represente os números dos itens utilizando as legendas a seguir.

cubo grande (1 000)   placa (100)   barra (10)   cubinho (1)

a) 434	c) 103
b) 455	d) 3 180

3 Observe o ábaco ao lado e responda às questões:

a) Qual número está representado? _____

b) O que significa U? _____

c) O que significa D? _____

d) O que significa C? _____

e) O que significa UM? _____

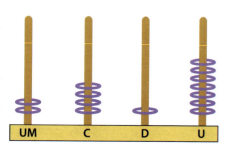

12

4. Utilize tracinhos em cada item para representar os números no ábaco, conforme exemplo a seguir. Depois escreva o número por extenso.

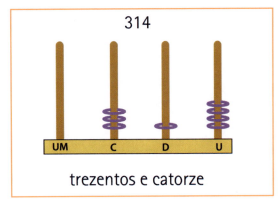

314

trezentos e catorze

a) 795

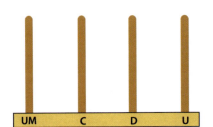

_____

d) 124

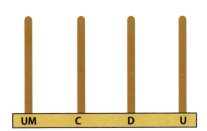

_____

b) 806

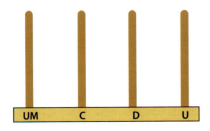

_____

e) 700

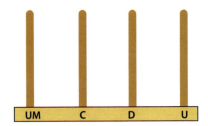

_____

c) 237

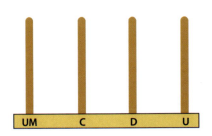

_____

f) 9 002

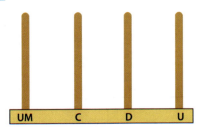

_____

5. Sistema de numeração romano

1 Ligue os números representados por algarismos romanos aos representados por algarismos indo-arábicos.

(I) (M) (C) (X) (L) (D) (V)

(1) (5) (10) (50) (100) (500) (1 000)

2 Observe as regras dos algarismos romanos e complete as lacunas com as palavras descritas a seguir.

esquerda   adicionados   subtraídos

direita   três   adicionados

a) Regra 1: os símbolos I, X, C e M podem ser repetidos até _____ vezes, e seus valores devem ser _____.

b) Regra 2: símbolos de menor valor escritos à _____ de símbolos de maior valor indicam que devem ser _____.

c) Regra 3: símbolos de menor valor escritos à _____ de símbolos de maior valor indicam que devem ser _____.

3 Ligue os pontos com os números de 1 a 50, escritos em algarismos romanos. Depois pinte a imagem.

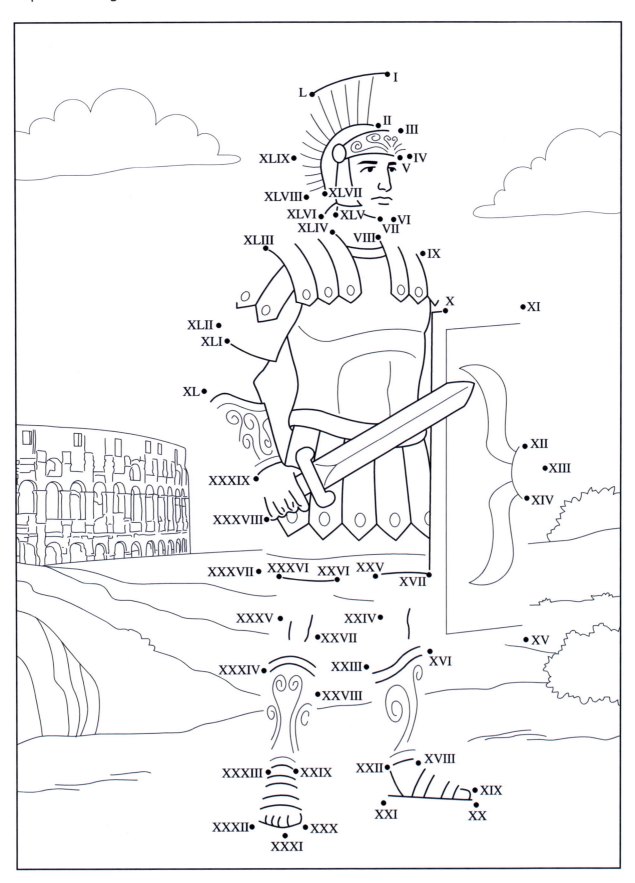

6. Centenas, dezenas e unidades

1 Observe as cédulas e depois responda às questões.

a) 5 cédulas de 100 reais correspondem a quantos reais? _____

b) 8 centenas de real correspondem a quantos reais? _____

c) 9 cédulas de 100 reais correspondem a quantos reais? _____

d) 7 centenas de real correspondem a quantos reais? _____

2 Observe os números a seguir e indique, conforme exemplo, quantas centenas, dezenas e unidades cada número representa.

> 873 ⟶ 8 centenas, 7 dezenas e 3 unidades

a) 495 ⟶ _____

b) 728 ⟶ _____

c) 964 ⟶ _____

d) 237 ⟶ _____

e) 536 ⟶ _____

f) 352 ⟶ _____

3 Os números a seguir estão decompostos. Escreva-os por extenso.

a) 400 + 90 + 5 ⟶ _____

b) 700 + 20 + 8 ⟶ _____

c) 900 + 60 + 4 ⟶ _____

d) 200 + 30 + 7 ⟶ _____

e) 500 + 30 + 6 ⟶ _____

f) 300 + 50 + 2 ⟶ _____

7. Números e ordens

1 Considerando o número 897, complete as frases.

a) O algarismo 8 tem valor posicional igual a _____.

b) O algarismo 8 tem valor absoluto igual a _____.

c) O algarismo 9 tem valor posicional igual a _____.

d) O algarismo 9 tem valor absoluto igual a _____.

e) O algarismo 7 tem valor posicional igual a _____.

f) O algarismo 7 tem valor absoluto igual a _____.

2 Complete as adições.

a) 300 + 50 + 8 = _____

b) 100 + 90 + 1 = _____

c) 500 + 60 + 3 = _____

d) 700 + 30 + 2 = _____

e) 400 + 10 + 9 = _____

f) 900 + 20 + 2 = _____

g) 800 + 60 + 4 = _____

h) 600 + 90 + 3 = _____

3 Complete a tabela escrevendo a quantia total descrita em cada linha.

100	10	1 REAL	Total em reais
3	5	7	
4	4	1	
7	3	6	
1	8	5	
9	2	8	
5	1	3	
8	7	4	
6	9	2	

Fotografias: Banco Central do Brasil

8. Unidades de milhar

1 Responda às questões.

a) Qual é o número sucessor de 999? _____

b) Quantas centenas correspondem ao número 1 000? _____

c) Quantas dezenas correspondem ao número 1 000? _____

d) Quantas unidades correspondem ao número 1 000? _____

e) Uma unidade de milhar corresponde a qual número? _____

2 Decomponha cada número e escreva-o por extenso, conforme o exemplo.

> 7 293
>
> Decomposição: 7 000 + 200 + 90 + 3
>
> Escrita por extenso: sete mil duzentos e noventa e três

a) 4 582

Decomposição: _____.

Escrita por extenso: _____.

b) 3 851

Decomposição: _____.

Escrita por extenso: _____.

c) 2 518

Decomposição: _____.

Escrita por extenso: _____.

d) 9 974

Decomposição: _____.

Escrita por extenso: _____.

3 Responda às questões.

a) Quantas cédulas de 5 reais são necessárias para formar a quantia de 1 000 reais?

_____

b) Uma pessoa que tem 50 cédulas de 50 reais tem quantos reais?

_____

4. Complete o quadro abaixo com os números que faltam. Depois, responda às questões.

8950	8951								
			8963						
									8979
		8982							
				8995					

a) Qual é o sucessor de 8 995? _____

b) Qual é o antecessor de 8 999? _____

c) Em cada coluna da tabela, de cima para baixo, os números aumentam de quanto em quanto? _____

d) Em cada linha, da esquerda para a direita, os números aumentam de quanto em quanto? _____

5. Descubra e explique o segredo das sequências e complete-as.

a)

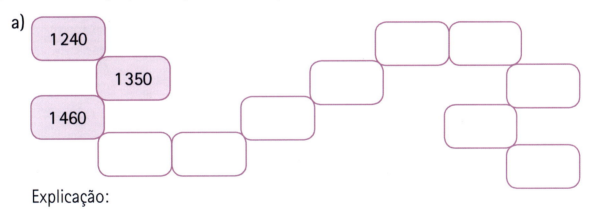

Explicação: _____

b)

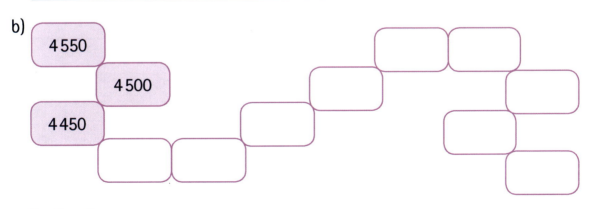

Explicação: _____

19

9. Dezenas de milhar

1 Escreva por extenso os números representados no quadro valor de lugar.

a)

DM	UM	C	D	U
7	3	2	4	8

_____

b)

DM	UM	C	D	U
4	7	5	2	9

_____

c)

DM	UM	C	D	U
9	2	0	5	6

_____

d)

DM	UM	C	D	U
2	9	4	7	3

_____

e)

DM	UM	C	D	U
5	2	8	5	0

_____

f)

DM	UM	C	D	U
3	5	9	3	2

_____

g)

DM	UM	C	D	U
6	6	4	3	9

_____

2 Responda às questões.

a) 1 unidade de milhar corresponde a quantas unidades? _____

b) 1 dezena de milhar corresponde a quantas unidades? _____

3 Complete as adições.

a) $30\,000 + 7\,000 + 400 + 70 + 8 = $ _____

b) $40\,000 + 9\,000 + 500 + 20 + 3 = $ _____

c) $50\,000 + 1\,000 + 700 + 10 + 2 = $ _____

d) $10\,000 + 2\,000 + 300 + 40 + 5 = $ _____

e) $90\,000 + 8\,000 + 700 + 60 + 5 = $ _____

4 Em relação aos números da atividade 3, escreva-os em ordem:

a) crescente: _____;

b) decrescente: _____.

10. Centenas de milhar

1 Responda às questões.

a) Qual é o sucessor de $9\,999$? _____

b) E o de $99\,999$? _____

c) Quantas unidades há em 1 centena de milhar? _____

d) E quantas unidades de milhar há em 1 centena de milhar? _____

2 Escreva o número usando algarismos.

a) Vinte e cinco mil: _____.

b) Setenta e oito mil: _____.

c) Noventa e nove mil: _____.

d) Trezentos e quarenta e cinco mil: _____.

e) Setecentos e oitenta e nove mil: _____.

3 Complete as adições.

a) $25\,000 + 75\,000 = $ _____

b) $46\,000 + 54\,000 = $ _____

c) $120\,000 + 80\,000 = $ _____

d) $370\,000 + 130\,000 = $ _____

4. Decomponha os números conforme o exemplo a seguir.

456 982 = 400 000 + 50 000 + 6 000 + 900 + 80 + 2

a) 993 228 = _____
b) 574 317 = _____
c) 839 756 = _____
d) 291 357 = _____
e) 175 286 = _____
f) 382 431 = _____
g) 784 793 = _____

5. Descubra e explique o segredo da sequência e complete-a.

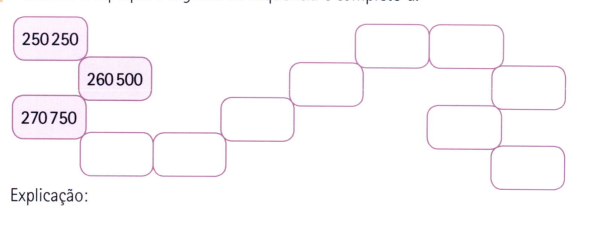

Explicação: _____
_____

11. O número 1 000 000

1. Responda às questões.

   a) Qual é o número que somado a 500 000 resulta em 1 000 000? _____
   b) Quantas unidades há em 1 milhão? _____
   c) Quantas dezenas há em 1 milhão? _____
   d) Qual é o antecessor de 1 milhão? _____
   e) E o sucessor? _____

2. Escreva os números usando algarismos.

   a) Cinco milhões: _____.
   b) Nove milhões: _____.
   c) Quatro milhões: _____.
   d) Seis milhões: _____.

3 Escreva os números a seguir por extenso.

a) 1 256 986: _____

_____

b) 7 982 334: _____

_____

c) 4 973 776: _____

_____

d) 9 706 607: _____

_____

e) 8 442 975: _____

_____

4 Escreva o antecessor e o sucessor de cada um dos seguintes números:

a) _____, 1 000 099, _____

b) _____, 2 909 100, _____

c) _____, 5 199 199, _____

d) _____, 4 299 400, _____

e) _____, 7 900 009, _____

5 Complete as adições.

a) 23 000 000 + 7 000 000 = _____

b) 98 000 000 + 2 000 000 = _____

c) 44 000 000 + 55 000 000 = _____

d) 50 000 000 + 30 000 000 = _____

e) 25 000 000 + 35 000 000 = _____

6 Procure em jornais ou revistas uma notícia que apresente um número maior que 1 milhão. Depois, cole-a no quadro a seguir.

Figuras geométricas

12. Figuras geométricas planas
13. Figuras geométricas não planas
14. Vistas de objetos
15. Polígonos

12. Figuras geométricas planas

1 No quadriculado a seguir, cada quadradinho mede 1 cm de lado. Desenhe, com o auxílio de uma régua:

- um quadrado (A) com lado medindo 3 cm;
- um quadrado (B) com lado medindo 4 cm;
- um quadrado (C) com lado medindo 5 cm.

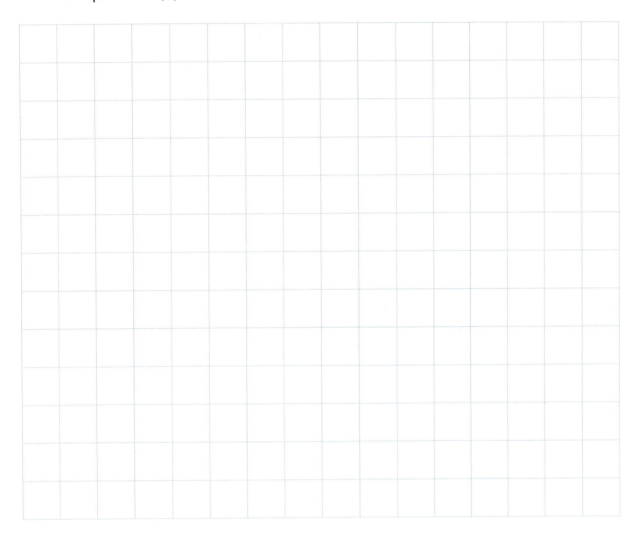

Agora responda:

a) Qual é o perímetro da quadrado A? _____

b) Qual é o perímetro do quadrado B? _____

c) Qual é o perímetro do quadrado C? _____

d) Quando aumentamos 1 unidade na medida do lado de um quadrado, o que acontece com o perímetro?

2 Observe os retângulos formados por retângulos menores e depois faça o que se pede.

1º   2º   3º

a) Descubra e explique o padrão formado pelas figuras.

_____

_____

b) Quantos retângulos menores haverá na 4ª figura dessa sequência?

_____

3 Observe os dois retângulos desenhados na malha quadriculada e depois responda às questões.

A

B

a) Qual dos dois retângulos tem o perímetro maior?

_____

b) Qual deles ocupa maior região na malha quadriculada?

_____

_____

13. Figuras geométricas não planas

1 Complete os quadros com o nome dos sólidos geométricos desenhados a seguir.

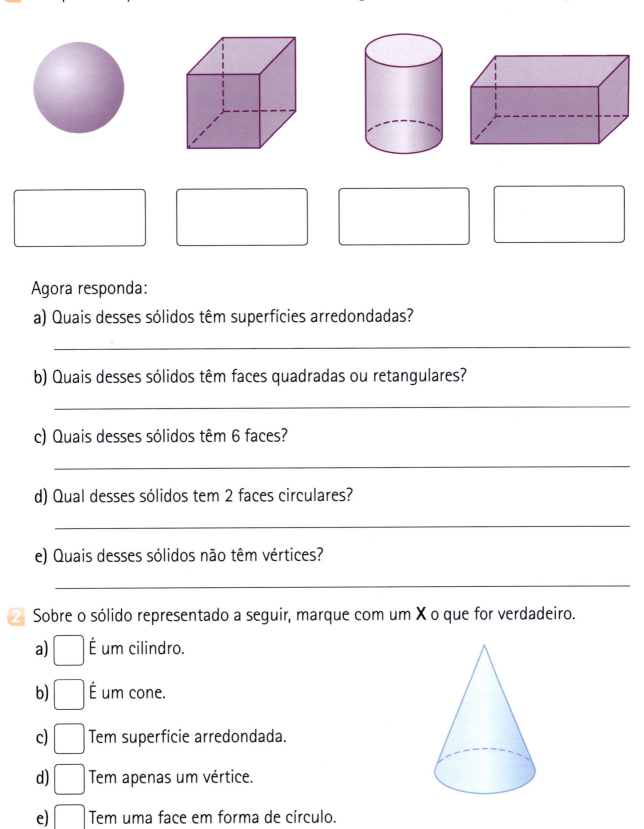

Agora responda:

a) Quais desses sólidos têm superfícies arredondadas?
_____

b) Quais desses sólidos têm faces quadradas ou retangulares?
_____

c) Quais desses sólidos têm 6 faces?
_____

d) Qual desses sólidos tem 2 faces circulares?
_____

e) Quais desses sólidos não têm vértices?
_____

2 Sobre o sólido representado a seguir, marque com um **X** o que for verdadeiro.

a) ☐ É um cilindro.

b) ☐ É um cone.

c) ☐ Tem superfície arredondada.

d) ☐ Tem apenas um vértice.

e) ☐ Tem uma face em forma de círculo.

Pinte as pirâmides conforme a legenda de cores.

/// Pirâmide que tem exatamente 7 faces.

/// Pirâmide que tem exatamente 6 vértices.

/// Pirâmide que tem exatamente 6 arestas.

/// Pirâmide que tem a base quadrada.

14. Vistas de objetos

Marque com um **X** a vista representada pelos desenhos.

a)

☐ frontal ☐ superior ☐ lateral

b)

☐ frontal ☐ superior ☐ lateral

2 Observe a seguir que cada seta indica uma vista da pilha de cubos.

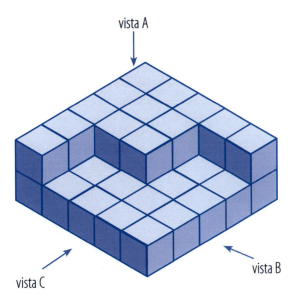

Desenhe em cada quadro as vistas que correspondem à pilha.

Vista A	Vista B	Vista C

15. Polígonos

1 Pinte a região interna do polígono abaixo e depois responda às questões.

a) Qual é o número total de lados desse polígono?

_____

b) Quantos vértices esse polígono tem?

_____

29

2 Observe estas figuras planas e depois responda às questões.

a) O que elas têm em comum?

_____

_____

b) Qual é a denominação dessas figuras?

_____

_____

3 Pinte a região interna de cada polígono e depois escreva o nome de cada um deles.

4 Marque com um **X** as informações verdadeiras.

a) ☐ Um quadrado é um quadrilátero.

b) ☐ Um retângulo é um polígono.

c) ☐ Um losango é um quadrilátero.

d) ☐ Todo triângulo também é um polígono.

Adição e subtração

16. Adição
17. Propriedades da adição
18. Subtração
19. Verificação de resultados

16. Adição

1 Resolva as adições a seguir utilizando o algoritmo.

a) $3\,442 + 5\,884 =$ _____

d) $19\,337 + 15\,498 =$ _____

b) $72\,907 + 12\,456 =$ _____

e) $23\,954 + 35\,664 =$ _____

c) $45\,485 + 22\,444 =$ _____

f) $9\,999 + 88\,888 =$ _____

2 Os números a seguir estão decompostos. Faça as adições para compô-los e depois escreva-os por extenso.

a) $90\,000 + 8\,000 + 700 + 40 + 3 =$ _____

Número por extenso: _____

_____.

b) $40\,000 + 5\,000 + 300 + 90 + 1 =$ _____

Número por extenso: _____

_____.

c) $70\,000 + 2\,000 + 500 + 20 + 9 =$ _____

Número por extenso: _____

_____.

3 Calcule mentalmente as adições e escreva o resultado de cada uma nas lacunas.

a) 13 + 5 = _____

130 + 50 = _____

1 300 + 500 = _____

13 000 + 5 000 = _____

130 000 + 50 000 = _____

13 000 000 + 5 000 000 = _____

c) 68 + 7 = _____

680 + 70 = _____

6 800 + 700 = _____

68 000 + 7 000 = _____

680 000 + 70 000 = _____

68 000 000 + 7 000 000 = _____

b) 44 + 9 = _____

440 + 90 = _____

4 400 + 900 = _____

44 000 + 9 000 = _____

440 000 + 90 000 = _____

44 000 000 + 9 000 000 = _____

d) 94 + 9 = _____

940 + 90 = _____

9 400 + 900 = _____

94 000 + 9 000 = _____

940 000 + 90 000 = _____

94 000 000 + 9 000 000 = _____

4 Escreva com algarismos os números descritos.

a) Novecentos e quarenta e dois mil trezentos e cinquenta e sete: _____.

b) Trezentos e trinta e nove mil duzentos e trinta e oito: _____.

c) Duzentos e vinte e nove mil setecentos e quatro: _____.

d) Quinhentos e cinquenta e nove mil oitocentos e trinta e nove: _____.

e) Setecentos e noventa mil oitocentos e setenta e cinco: _____.

f) Quatrocentos e dezenove mil seiscentos e sessenta e um: _____.

g) Cento e quarenta e seis mil novecentos e oitenta e dois: _____.

5 Resolva os problemas a seguir.

a) Em um grande prêmio de Fórmula 1 compareceram 23 456 pessoas no dia do treino oficial e outras 45 998 no dia da prova. Ao todo, quantas pessoas compareceram nos dois dias?

Resposta: _____

b) Numa calculadora foi digitado o maior número com seis algarismos. Logo depois, esse número foi adicionado ao menor número com cinco algarismos. Qual resultado apareceu no visor da calculadora?

Resposta: _____

17. Propriedades da adição

1 Explique a propriedade comutativa da adição.

_____

_____

_____

2 Responda às questões.

a) Qual é o número que adicionado a 345 467 resulta nele próprio?

_____

b) Ao adicionar zero a qualquer número, qual é o resultado?

_____

c) Se adicionarmos 5 000 unidades a uma parcela e mantivermos o valor da outra, o que acontece com o resultado da adição?

_____

d) Se adicionarmos 300 unidades a uma parcela e diminuirmos 300 unidades no valor da outra, o que acontece com o resultado da adição?

_____

e) Se adicionarmos 400 unidades a uma parcela e diminuirmos 100 unidades no valor da outra, o que acontece com o resultado da adição?

_____

f) Se diminuirmos 250 unidades de uma parcela e aumentarmos 250 unidades no valor da outra, o que acontece com o resultado da adição?

_____

18. Subtração

1 Resolva as subtrações a seguir utilizando o algoritmo.

a) $6\,442 - 5\,884 =$ _____

f) $19\,337 - 15\,498 =$ _____

b) $64\,998 - 51\,312 =$ _____

g) $43\,954 - 35\,664 =$ _____

c) $72\,907 - 12\,456 =$ _____

h) $49\,548 - 33\,169 =$ _____

d) $82\,576 - 7\,327 =$ _____

i) $9\,999 - 8\,888 =$ _____

e) $45\,485 - 22\,444 =$ _____

j) $90\,442 - 75\,096 =$ _____

2 Algumas subtrações podem ser mais facilmente resolvidas com o cálculo mental. Resolva as subtrações abaixo dessa forma, indicando os resultados.

a) $34\,795 - 2\,000 =$ _____

e) $69\,936 - 1\,936 =$ _____

b) $45\,837 - 15\,000 =$ _____

f) $29\,509 - 11\,509 =$ _____

c) $77\,836 - 30\,000 =$ _____

g) $52\,836 - 20\,500 =$ _____

d) $98\,123 - 28\,000 =$ _____

h) $83\,147 - 23\,000 =$ _____

3 Faça as subtrações diminuindo as dezenas de milhar, depois as unidades de milhar, em seguida as centenas, as dezenas e as unidades. Observe o exemplo.

$$29\,975 - 13\,263$$
$$29\,975 - 10\,000 = 19\,975$$
$$19\,975 - 3\,000 = 16\,975$$
$$16\,975 - 200 = 16\,775$$
$$16\,775 - 60 = 16\,715$$
$$16\,715 - 3 = 16\,712$$

a) $95\,977 - 42\,322 = $ _____

c) $49\,876 - 16\,545 = $ _____

b) $75\,684 - 35\,233 = $ _____

d) $37\,665 - 26\,093 = $ _____

4 Resolva os problemas a seguir.

a) Um pagamento de R$ 100.000,00 foi feito em duas parcelas. Se a primeira parcela foi de R$ 53.500,00, qual foi o valor da segunda parcela?

Resposta: _____

b) Numa calculadora foi digitado o maior número formado por seis algarismos. Depois, diminuiu-se dele 345 678. Qual resultado apareceu no visor da calculadora?

Resposta: _____

5 Calcule mentalmente as subtrações e escreva os resultados.

a) 13 − 5 = _____
   130 − 50 = _____
   1 300 − 500 = _____
   13 000 − 5 000 = _____
   130 000 − 50 000 = _____
   13 milhões − 5 milhões = _____

b) 44 − 9 = _____
   440 − 90 = _____
   4 400 − 900 = _____
   44 000 − 9 000 = _____
   440 000 − 90 000 = _____
   44 milhões − 9 milhões = _____

c) 73 − 8 = _____
   730 − 80 = _____
   7 300 − 800 = _____
   73 000 − 8 000 = _____
   730 000 − 80 000 = _____
   73 milhões − 8 milhões = _____

d) 19 − 6 = _____
   190 − 60 = _____
   1 900 − 600 = _____
   19 000 − 6 000 = _____
   190 000 − 60 000 = _____
   19 milhões − 6 milhões = _____

19. Verificação de resultados

1 Descubra e explique o segredo das sequências e complete-as.

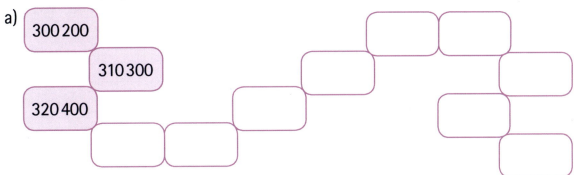

a) 300 200 ; 310 300 ; 320 400 ; ...

Explicação: _____

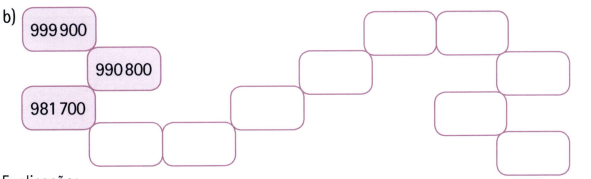

b) 999 900 ; 990 800 ; 981 700 ; ...

Explicação: _____

37

2. Descubra, em cada caso, o número em que pensei.

a) Pensei em um número, adicionei 35 000 e obtive 194 000. Qual é o número?

Resposta: _____

b) Pensei em um número, subtrai 122 000 e obtive 474 000. Qual é o número?

Resposta: _____

c) Pensei em um número, adicionei 101 250 e obtive 202 500. Qual é o número?

Resposta: _____

d) Pensei em um número, subtrai 99 900 e obtive 390 000. Qual é o número?

Resposta: _____

3. Resolva cada adição ou subtração e faça a verificação utilizando a operação inversa.

a) 226 345 − 104 321 = _____   c) 990 052 − 341 872 = _____

b) 81 991 + 67 890 = _____   d) 329 084 + 133 444 = _____

Multiplicação

20. Multiplicando
21. Multiplicação por 10, 100 e 1 000
22. Propriedades da multiplicação
23. Multiplicação por números de dois algarismos

20. Multiplicando

1 Complete a tabela com o produto da multiplicação dos números da linha superior pelos números da coluna à esquerda.

×	1	2	3	4	5	6	7	8	9	10
10	10									
20		40								
30			90							
40				160						
50					250					
60						360				
70							490			
80								640		
90									810	
100										1 000

2 Observe as cédulas de nosso dinheiro e depois responda às questões.

a) Quantas cédulas de 2 reais são necessárias para juntar 200 reais?

Resposta: _____

b) Qual é a quantia correspondente a 50 cédulas de 10 reais?

Resposta: _____

c) Quantas cédulas de 5 reais são necessárias para juntar 300 reais?

Resposta: _____

d) Qual é a quantia correspondente a 70 cédulas de 100 reais?

Resposta: _____

e) Quantas cédulas de 10 reais são necessárias para juntar 750 reais?

Resposta: _____

f) Qual é a quantia correspondente a 30 cédulas de 50 reais?

Resposta: _____

3 Efetue as multiplicações utilizando a decomposição. Observe o exemplo a seguir.

> 7×45
> $7 \times 40 = 280$
> $7 \times 5 = 35$
> $7 \times 45 = 280 + 35 = 315$

a) $8 \times 37 =$ _____   **c)** $9 \times 78 =$ _____

b) $7 \times 99 =$ _____   **d)** $3 \times 79 =$ _____

4 Responda às questões.

a) O quádruplo de 500 reais corresponde a qual quantia?

Resposta: _____

b) Multiplicar um número por 3 e depois multiplicar o produto obtido por 4 é o mesmo que multiplicar o número por quanto?

Resposta: _____

5 Resolva os problemas a seguir.

a) Uma compra foi feita em 6 parcelas iguais de 450 reais. Qual é o valor total dessa compra?

Resposta: _____

b) Marcos percorre todos os dias uma distância de 8 320 metros como preparação para uma prova de atletismo. Em uma semana, qual é a distância total percorrida?

Resposta: _____

c) Qual é a quantia total correspondente a 7 cédulas de 50 reais e 8 cédulas de 20 reais?

Resposta: _____

d) Se um dia tem 24 horas, qual é a quantidade de horas correspondente a uma semana completa?

Resposta: _____

21. Multiplicação por 10, 100 e 1 000

1 Calcule mentalmente as multiplicações e escreva os resultados.

a) $10 \times 12 =$ _____

$100 \times 12 =$ _____

$1\,000 \times 12 =$ _____

b) $10 \times 37 =$ _____

$100 \times 37 =$ _____

$1\,000 \times 37 =$ _____

c) $10 \times 78 =$ _____

$100 \times 78 =$ _____

$1\,000 \times 78 =$ _____

d) $10 \times 99 =$ _____

$100 \times 99 =$ _____

$1\,000 \times 99 =$ _____

2 Complete as lacunas escrevendo a quantia correspondente a:

a) 32 cédulas de 100 reais: _____ ;

b) 98 cédulas de 10 reais: _____ ;

c) 45 cédulas de 100 reais: _____ ;

d) 150 cédulas de 10 reais: _____ ;

e) 88 cédulas de 100 reais: _____ .

3 Conforme o exemplo, escreva em cada item o resultado das multiplicações e depois adicione os produtos obtidos.

$$8 \times 1\,000 + 9 \times 100 + 7 \times 10 + 5 \times 1 =$$
$$= 8\,000 + 900 + 70 + 5 =$$
$$= 8\,975$$

a) $9 \times 1\,000 + 5 \times 100 + 6 \times 10 + 9 \times 1 =$ _____

_____

b) $7 \times 1\,000 + 7 \times 100 + 4 \times 10 + 8 \times 1 =$ _____

_____

c) $4 \times 1\,000 + 9 \times 100 + 3 \times 10 + 6 \times 1 =$ _____

_____

4 Resolva os problemas a seguir.

a) Um trem lotado tem 25 vagões com 100 pessoas em cada vagão. Qual é o total de passageiros desse trem?

Resposta: _____

b) Marcos digitou o número 755 na calculadora. Depois, multiplicou esse número por 10 e multiplicou o resultado obtido novamente por 10. Qual resultado ele obteve?

Resposta: _____

22. Propriedades da multiplicação

1 Efetue as multiplicações de acordo com o exemplo.

> $9 \times 257 = 9 \times (200 + 50 + 7)$
>
> $9 \times 257 = 9 \times 200 + 9 \times 50 + 9 \times 7$
>
> $9 \times 257 = 1\,800 + 450 + 63$
>
> $9 \times 257 = 2\,313$

a) $8 \times 492 =$ _____

c) $3 \times 927 =$ _____

b) $6 \times 715 =$ _____

d) $9 \times 571 =$ _____

2 Responda às questões.

a) Qual é a propriedade comutativa na multiplicação?

_____

b) Quando a multiplicação de dois números apresenta resultado igual a zero?

_____

c) Se um dos fatores da multiplicação é igual a 79 e o produto é igual a 79, qual é o valor do outro fator?

_____

3 Efetue mentalmente as seguintes multiplicações:

a) $2 \times 3 \times 40 =$ _____

d) $3 \times 2 \times 90 =$ _____

b) $4 \times 2 \times 50 =$ _____

e) $6 \times 3 \times 10 =$ _____

c) $2 \times 5 \times 80 =$ _____

f) $3 \times 3 \times 70 =$ _____

4 Complete a tabela seguir.

	Dobro	Triplo	Quádruplo	Quíntuplo	10 Vezes
18					
22					
24					
30					

5 Observe que a malha quadriculada está dividida em duas partes: vermelha e azul.

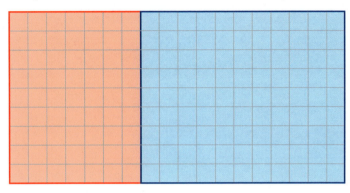

Responda:

a) Qual é a multiplicação que indica a quantidade de quadradinhos na parte vermelha?
_____

b) E na parte azul?
_____

c) Qual é a multiplicação que indica a quantidade total de quadradinhos?
_____

d) Sabendo-se que 7 + 11 = 18, escreva outra maneira de indicar a quantidade total de quadradinhos por meio da multiplicação.
_____

6 Pinte a malha quadriculada a seguir com duas cores para representar a multiplicação 8 × (10 + 5).

23. Multiplicação por números de dois algarismos

1 Utilize uma calculadora e complete a tabela a seguir.

×	10	11	12	13	14	15	16	17	18	19
10										
11										
12		132						204		
13										
14										
15										
16					224					
17										
18										
19										

Agora, observando a tabela, responda:

a) Os resultados que estão na diagonal destacada representam o produto de quais fatores?

_____

_____

b) O que você observa sobre os resultados acima e abaixo da diagonal?

_____

_____

2 Resolva os problemas a seguir.

a) Em uma excursão foram utilizados 13 ônibus com 52 pessoas cada. Qual é o total de pessoas que participaram dela?

Resposta: _____

b) Num grande campeonato de jogos estudantis, participaram 25 estados. Cada estado mandou 3 equipes com 30 participantes em cada equipe. Qual é o número total de estudantes que participaram desse campeonato?

Resposta: _____

c) A embalagem ao lado foi feita especialmente para garrafas de sucos. Qual é a quantidade total de garrafas que podem ser acondicionadas em 36 dessas embalagens?

Resposta: _____

3. Efetue as operações a seguir utilizando o algoritmo da multiplicação.

a) 12 × 26 = _____

b) 23 × 45 = _____

c) 44 × 18 = _____

d) 32 × 56 = _____

e) 28 × 42 = _____

f) 35 × 23 = _____

g) 41 × 14 = _____

h) 62 × 24 = _____

Divisão

24. Dividindo
25. Divisão por aproximações e por estimativas
26. Algoritmo usual da divisão

24. Dividindo

1 Complete a tabela de multiplicação.

×	0	1	2	3	4	5	6	7	8	9	10
6	0										
7				21							
8											80
9		9									

2 Utilize a tabela da atividade anterior para completar as divisões a seguir.

a) 72 ÷ 9 = _____

b) 54 ÷ 6 = _____

c) 56 ÷ 7 = _____

d) 42 ÷ 6 = _____

e) 63 ÷ 9 = _____

f) 48 ÷ 8 = _____

g) 45 ÷ 9 = _____

h) 64 ÷ 8 = _____

3 A figura a seguir tem 90 retângulos dispostos em linhas e colunas. Observe-a e responda às questões.

a) Quantas linhas e quantas colunas há nessa figura?
_____

b) Dividindo-se os 90 retângulos em 9 grupos iguais, quantos retângulos teremos em cada grupo? _____

c) O quociente obtido no item **b** é igual à quantidade de retângulos de uma linha ou de uma coluna da figura? _____

d) Dividindo-se os 90 retângulos em 10 grupos iguais, quantos retângulos teremos em cada grupo? _____

e) O quociente obtido no item **d** é igual à quantidade de retângulos de uma linha ou de uma coluna da figura? _____

4 Resolva estes problemas.

a) Para guardar latas de refrigerante, o dono de um supermercado utiliza caixas em que cabem 6 latas. Quantas caixas são necessárias para guardar 72 refrigerantes?

Resposta: _____

b) Em um campeonato de basquete participaram 80 jogadores. Se cada equipe tem 5 jogadores, quantas equipes participaram?

Resposta: _____

c) Ao retirar dinheiro em um caixa eletrônico, Mariana recebeu 9 cédulas de mesmo valor. Se ela retirou 90 reais, qual é o valor de cada cédula?

Resposta: _____

5 Calcule mentalmente as divisões e escreva os resultados.

a) $6 \div 2 =$ _____

$60 \div 2 =$ _____

$600 \div 2 =$ _____

$6\,000 \div 2 =$ _____

b) $45 \div 5 =$ _____

$450 \div 5 =$ _____

$4\,500 \div 5 =$ _____

$45\,000 \div 5 =$ _____

c) $35 \div 7 =$ _____

$350 \div 7 =$ _____

$3\,500 \div 7 =$ _____

$35\,000 \div 7 =$ _____

d) $56 \div 8 =$ _____

$560 \div 8 =$ _____

$5\,600 \div 8 =$ _____

$56\,000 \div 8 =$ _____

25. Divisão por aproximações e por estimativas

1 Responda às questões.

a) Qual é o número de dezenas mais próximo de 83 unidades?

_____

b) E de 67 unidades?

_____

c) Qual é o número de dezenas mais próximo de 357 unidades?

_____

d) E de 412 unidades?

_____

2 Observando as respostas da atividade anterior, responda:

a) Em quanto resulta, aproximadamente, $83 \div 8$? _____

b) E $71 \div 7$? _____

c) Em quanto resulta, aproximadamente, $359 \div 36$? _____

d) E $412 \div 41$? _____

3 Observe como Laura fez a divisão por aproximação e repita esse procedimento nos demais itens.

> $99 \div 10$
>
> Aproximadamente $100 \div 10 = 10$.

a) $499 \div 5$

_____

b) $801 \div 8$

_____

c) $703 \div 10$

_____

d) $342 \div 34$

_____

e) $1\,401 \div 14$

_____

26. Algoritmo usual da divisão

1 Efetue as seguintes divisões:

a) $460 \div 5 =$ _____

e) $560 \div 5 =$ _____

b) $840 \div 8 =$ _____

f) $328 \div 8 =$ _____

c) $847 \div 7 =$ _____

g) $1\,755 \div 5 =$ _____

d) $1\,244 \div 4 =$ _____

h) $3\,048 \div 4 =$ _____

2 Resolva os problemas a seguir.

a) Deve-se dividir a quantia de 880 reais igualmente entre duas equipes. Se em cada equipe há 4 membros, qual quantia caberá a cada um deles sabendo que o valor foi dividido igualmente entre eles?

Resposta: _____

b) Ao retirar 1 100 reais de um caixa eletrônico, Pedro observou que tinha recebido somente cédulas de 50 reais. Quantas foram as cédulas?

Resposta: _____

3 Escolha um procedimento para efetuar as divisões. Indique, em cada uma, o quociente e o resto.

a) $975 \div 7$

Quociente: _____.

Resto: _____.

b) $83 \div 4$

Quociente: _____.

Resto: _____.

c) $8\,035 \div 5$

Quociente: _____.

Resto: _____.

d) $2\,725 \div 6$

Quociente: _____.

Resto: _____.

e) $3\,999 \div 6$

Quociente: _____.

Resto: _____.

f) $3\,044 \div 9$

Quociente: _____.

Resto: _____.

g) $2\,343 \div 5$

Quociente: _____.

Resto: _____.

h) $7\,348 \div 7$

Quociente: _____.

Resto: _____.

Figuras geométricas e medidas

27. Ampliação e redução de figuras
28. Perímetro
29. Medidas de comprimento

27. Ampliação e redução de figuras

1 No quadriculado foi feito um desenho. Faça uma ampliação dobrando a medida dos segmentos do desenho no outro quadriculado.

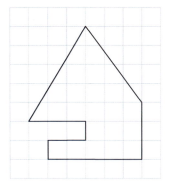

2 Os quadrados da malha quadriculada a seguir têm lados de medida igual a 1 cm e nela estão desenhados dois triângulos, sendo o maior uma ampliação do menor.

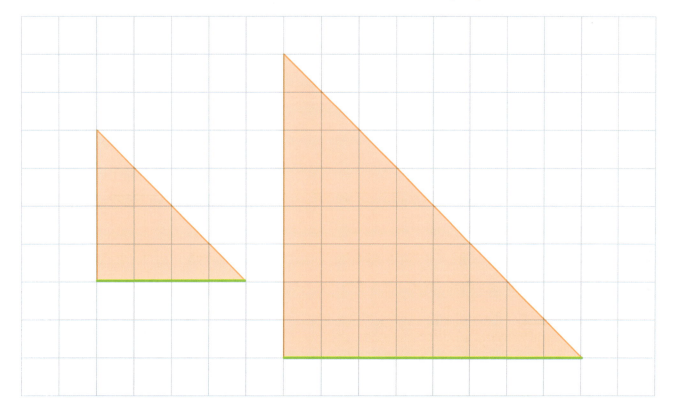

Responda:

a) Qual é o comprimento da linha verde no triângulo menor? _____

b) E o comprimento da linha verde no triângulo maior? _____

c) Por quanto multiplicamos o lado do triângulo menor para obter o lado do triângulo maior? _____

d) Quantos quadradinhos foram utilizados para compor o triângulo menor? _____

e) Quantos quadradinhos foram utilizados para compor o triângulo maior? _____

f) Por quanto multiplicamos a quantidade de quadrados utilizados no triângulo menor para obter a quantidade de quadrados utilizados no triângulo maior? _____

3 Observe os dois quadrados desenhados na malha quadriculada e depois responda às questões.

a) É correto afirmar que a medida do lado do quadrado maior é o dobro da medida do lado do quadrado menor? _____

b) O perímetro do quadrado maior é o dobro do perímetro do quadrado menor? _____

c) É correto afirmar que a medida do lado do quadrado menor é a metade da medida do lado do quadrado maior? _____

d) É correto afirmar que a quantidade de quadradinhos usada na figura maior é quatro vezes a quantidade de quadradinhos usada na figura menor? _____

e) Qual é a relação que você pode verificar entre a medida dos lados das figuras e a quantidade de quadradinhos usada nas suas composições?

_____

_____

4 Faça um desenho na malha pontilhada. Depois, na mesma malha, amplie esse desenho. Utilize uma régua e faça apenas traços retos.

28. Perímetro

1 Cada quadrado da malha tem 1 cm de medida de lado. Marina fez um desenho em verde. Observe:

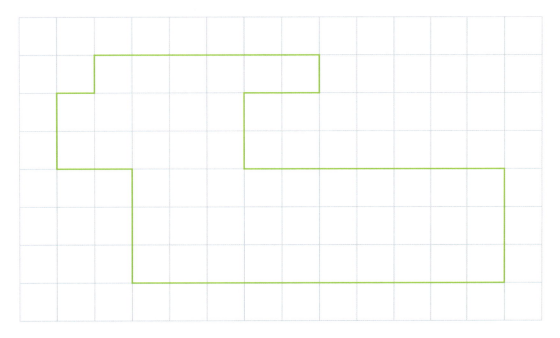

Responda:
- Qual é o perímetro do desenho feito por Marina? _____

57

2 Na malha quadriculada a seguir, o lado de cada quadrado mede 1 cm. Utilizando uma régua, desenhe e pinte as seguintes figuras:
- quadrado A – com 8 cm de perímetro;
- quadrado B – com 12 cm de perímetro.

Agora responda:

a) Qual é a medida do lado do quadrado A? _____

b) E do quadrado B? _____

3 Observe os retângulos desenhados nesta malha quadriculada, cujos quadradinhos têm 1 cm de lado.

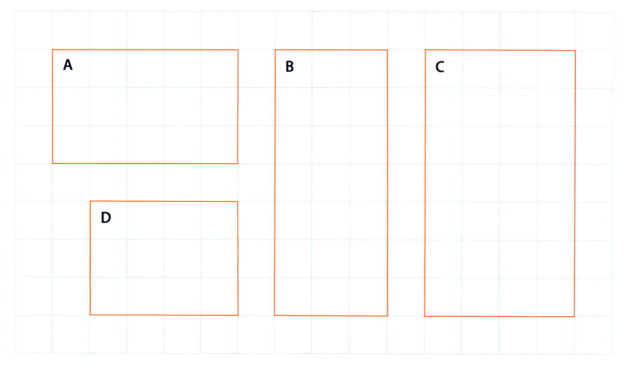

a) Qual dos retângulos tem mais quadradinhos em sua composição? _____

b) E qual tem menos? _____

58

4. Em relação aos retângulos A, B, C e D desenhados na atividade anterior, complete a tabela a seguir com o perímetro deles.

Retângulo	A	B	C	D
Perímetro				

5. O desenho a seguir representa as quadras percorridas por Maurício todos os dias para ir, de bicicleta, de casa até a escola. O caminho em laranja é a ida, e o que está em verde é a volta. Cada lado de um quadrado representa 100 metros.

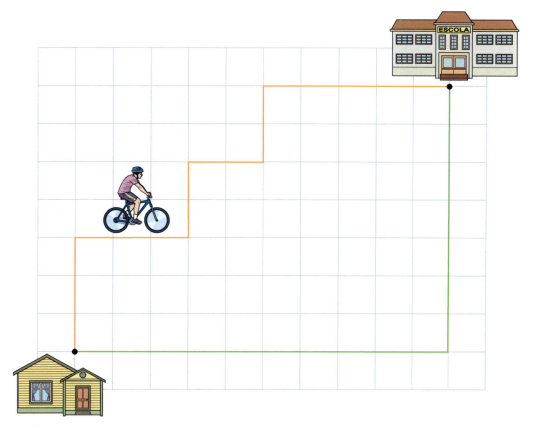

Responda:

a) Maurício anda de bicicleta mais na ida ou na volta?
_____

b) Quantos metros ele percorre na ida?
_____

c) E na volta?
_____

d) Quantos metros Maurício percorre todos os dias para ir e voltar da escola?
_____

59

29. Medidas de comprimento

1 Marque com um **X** apenas as afirmações verdadeiras.

a) ☐ O perímetro da sala de aula tem mais do que 1 m de comprimento.

b) ☐ Uma pessoa que andou 1 200 metros andou mais do que 1 km.

c) ☐ Para medir o comprimento de uma caneta, usamos a unidade centímetro.

d) ☐ Para medir a distância entre duas cidades, usamos a unidade quilômetro.

e) ☐ 2 km correspondem a 2 000 m

2 Marque com um **X** os instrumentos utilizados para medir comprimentos.

a)

☐

c)

☐

e)

☐

b)

☐

d)

☐

f)

☐

3 Responda às questões.

a) Quantos centímetros há em 15 metros? _____

b) Quantos quilômetros há em 3 000 metros? _____

c) A quantos centímetros correspondem 2 metros de altura? _____

d) A quantos metros correspondem 15 km? _____

4 Júlia queria representar 1 metro. Para isso, desenhou os segmentos em verde em uma malha quadriculada formada por quadradinhos com 1 cm de medida de lado. Observe o desenho de Júlia e depois responda às questões.

a) A linha em verde tem comprimento igual a 1 metro?

_____

b) Qual é a medida total da linha verde em centímetros?

_____

5 Desenhe na malha quadriculada a seguir segmentos de reta que formem uma linha com comprimento igual a 1 metro.

Frações

30. A ideia de fracionar
31. Frações de quantidades
32. Um pouco mais de frações
33. Adição e subtração com frações

30. A ideia de fracionar

1 Pinte de amarelo a metade de cada uma das seguintes figuras e de azul a outra metade.

2 Observe o círculo abaixo, que foi dividido em partes iguais e colorido com vermelho, azul, amarelo e verde. Depois, responda às questões.

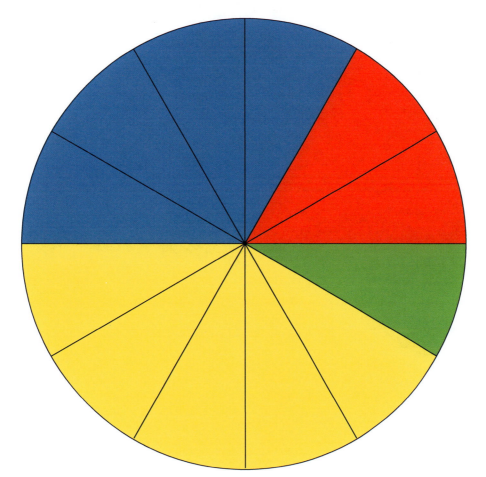

a) Em quantas partes iguais o círculo foi dividido? _____

b) Quantas partes foram coloridas de vermelho? _____

c) Quantas partes foram coloridas de azul? _____

d) Quantas partes foram coloridas de amarelo? _____

e) Quantas partes foram coloridas de verde? _____

3 Em relação à atividade anterior, complete as lacunas escrevendo a fração correspondente a cada uma das cores usadas para colorir o círculo.

a) verde: _____

c) azul: _____

b) vermelho: _____

d) amarelo: _____

Agora responda:

- Qual é a maior fração? _____

- Qual é a menor? _____

4 Pinte as figuras conforme as frações.

a) $\dfrac{3}{10}$

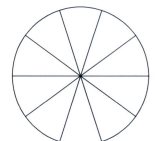

c) $\dfrac{7}{10}$

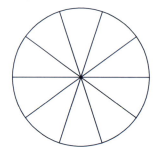

e) $\dfrac{5}{10}$

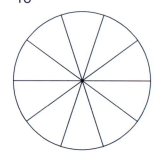

b) $\dfrac{2}{10}$

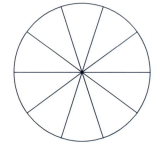

d) $\dfrac{6}{10}$

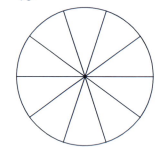

f) $\dfrac{9}{10}$

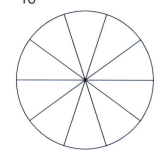

5 Escreva por extenso como lemos cada fração da atividade anterior.

a) $\dfrac{3}{10}$ → _____

b) $\dfrac{2}{10}$ → _____

c) $\dfrac{7}{10}$ → _____

d) $\dfrac{6}{10}$ → _____

e) $\dfrac{5}{10}$ → _____

f) $\dfrac{9}{10}$ → _____

31. Frações de quantidades

1 Escreva a quantidade correspondente a:

a) $\frac{1}{3}$ de 24 horas: _____ ;

b) $\frac{3}{4}$ de 20 metros: _____ ;

c) $\frac{9}{10}$ de 60 reais: _____ ;

d) $\frac{3}{8}$ de 80 pessoas: _____ .

2 Pinte a quantidade de retângulos de acordo com o código de cores.

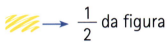 → $\frac{1}{2}$ da figura

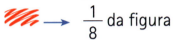 → $\frac{1}{8}$ da figura

→ $\frac{1}{4}$ da figura

→ $\frac{1}{16}$ da figura

→ $\frac{1}{32}$ da figura

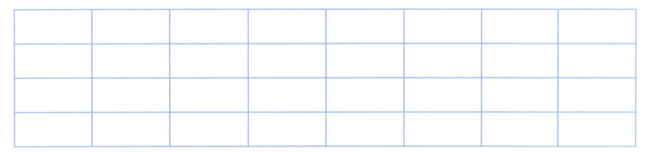

3 Em relação à atividade anterior, complete.

a) $\frac{1}{2}$ de 32 retângulos corresponde a _____ retângulos

b) $\frac{1}{8}$ de 32 retângulos corresponde a _____ retângulos

c) $\frac{1}{4}$ de 32 retângulos corresponde a _____ retângulos

d) $\frac{1}{16}$ de 32 retângulos corresponde a _____ retângulos

e) $\frac{1}{32}$ de 32 retângulos corresponde a _____ retângulo

4 Ainda em relação à atividade **2**, responda às questões a seguir.

a) O que é maior: $\frac{1}{4}$ ou $\frac{1}{8}$?

_____

b) O que é maior: $\frac{1}{16}$ ou $\frac{1}{2}$?

_____

65

5 Responda às questões.

a) Uma pessoa que ganha $\frac{1}{5}$ de 200 reais recebe quantos reais?
_____

b) Qual é a quantia correspondente a $\frac{1}{4}$ de 1 000 reais?
_____

c) Qual é a terça parte de uma distância de 900 km?
_____

d) Qual fração de 50 reais corresponde a 5 reais?
_____

6 Escreva como são lidas estas frações.

a) $\frac{3}{7}$ → _____   d) $\frac{7}{10}$ → _____

b) $\frac{2}{9}$ → _____   e) $\frac{5}{5}$ → _____

c) $\frac{5}{8}$ → _____   f) $\frac{10}{10}$ → _____

7 Observe que os dois retângulos a seguir são do mesmo tamanho e estão divididos em 40 partes iguais cada um. Depois, faça o que se pede.

a) Pinte $\frac{3}{10}$ do retângulo.   b) Pinte $\frac{12}{40}$ do retângulo.

retângulo A

retângulo B

8 Em relação à atividade anterior, responda:

a) Quantas partes do retângulo A foram pintadas? _____

b) E quantas partes do retângulo B foram pintadas? _____

32. Um pouco mais de frações

1 Lance uma moeda para cima 30 vezes. Para cada "cara" que sair, pinte de **vermelho** o quadro correspondente à jogada e, para cada "coroa", pinte-o de **azul**.

coroa   cara

1º	2º	3º	4º	5º	6º	7º	8º	9º	10º
11º	12º	13º	14º	15º	16º	17º	18º	19º	20º
21º	22º	23º	24º	25º	26º	27º	28º	29º	30º

Agora, de acordo com o quadro anterior, responda às questões indicando as frações correspondentes ao total de jogadas.

a) Quantas vezes deu cara? _____

b) E coroa? _____

2 Antônio desenhou uma tira e dividiu-a em duas partes coloridas. Observe a representação da régua, em centímetros, e da tira a seguir e responda às questões.

a) Quantos centímetros de comprimento tem a parte azul? _____

b) E a parte vermelha? _____

c) Qual é a fração que representa a parte azul da tira completa? _____

d) E a parte vermelha? _____

3 Laís percorre todos os dias a distância de 20 km para ir, de trem, de casa ao trabalho. A cada 5 km há uma estação, conforme indica a figura a seguir:

Responda:

a) Se Laís já percorreu a metade do caminho, em qual estação ela se encontra?
_____

b) Quando Laís chega à estação C, qual fração do caminho ela já percorreu?
_____

c) E qual fração do caminho ela ainda terá de percorrer? _____

4 Os círculos foram divididos em partes iguais. Observe-os e pinte apenas a parte correspondente às frações indicadas.

a) $\frac{1}{2}$ b) $\frac{1}{3}$ c) $\frac{1}{4}$

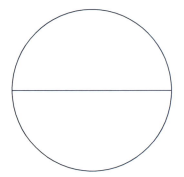 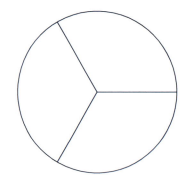 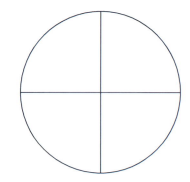

5 Sabendo-se que os círculos da atividade anterior são de mesmo tamanho, responda:

a) Qual das frações representa a maior parte do círculo? _____

b) E qual representa a menor parte? _____

6 O bloco retangular ao lado foi dividido em 10 partes iguais.

Responda:

a) A parte verde representa qual fração da figura? _____

b) E a parte roxa? _____

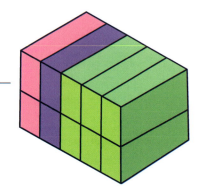

33. Adição e subtração com frações

1 Represente as parcelas da adição colorindo os retângulos com duas cores e complete com a soma.

a) $\frac{2}{9} + \frac{5}{9} =$ _____

b) $\frac{4}{9} + \frac{5}{9} =$ _____

c) $\frac{1}{9} + \frac{4}{9} =$ _____

2 De acordo com as indicações, escreva uma subtração com as frações representadas pelas figuras a seguir.

minuendo   subtraendo   diferença

Subtração: _____

3 De acordo com as indicações, escreva uma adição com as frações representadas pelas figuras a seguir.

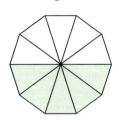 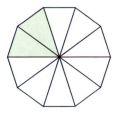 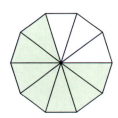

parcela   parcela   soma

Adição: _____

4. Observe esta figura, que foi dividida em partes iguais, e responda às questões.

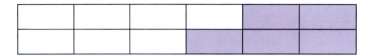

a) Qual fração da figura está pintada de roxo? _____

b) Qual fração da figura não está pintada de roxo? _____

5. Os retângulos representados abaixo têm o mesmo tamanho. Cada um deles foi dividido em partes iguais, e cada parte corresponde à fração indicada. Observe esses retângulos e faça o que se pede.

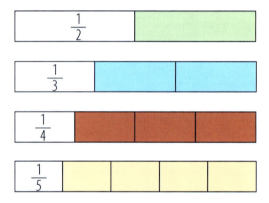

a) Coloque as frações indicadas em ordem decrescente.

_____

b) Coloque as frações que indicam as partes coloridas em ordem decrescente.

_____

6. Uma turma de 4º ano é formada por 16 meninas e 16 meninos. A parte colorida dos gráficos abaixo representa, respectivamente, o número de meninas e de meninos que participaram de uma pesquisa na escola. Observe.

De acordo com as informações dos gráficos, responda:

a) Quantas meninas participaram da pesquisa? _____

b) E quantos meninos participaram da pesquisa? _____

Números decimais

34. Números decimais e medidas
35. Centésimos: centímetros e centavos
36. Milésimos: milímetros e mililitros
37. Adição e subtração com números decimais

34. Números decimais e medidas

1 Escreva como lemos os números decimais a seguir.

a) 0,9 → _____

b) 0,3 → _____

c) 0,5 → _____

d) 0,4 → _____

2 Pinte cada figura abaixo para representar os números decimais indicados.

a) 0,9

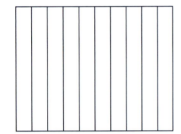

c) 0,5

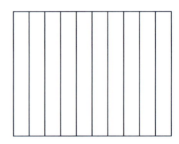

b) 0,3

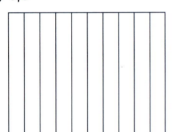

d) 0,4

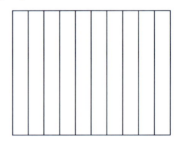

3 Observe as moedas e depois responda à questão.

- Quantas moedas de 5 centavos são necessárias para trocar por uma moeda de 1 real?

_____

4 Represente com a escrita numérica os itens a seguir.

a) 1 inteiro e 3 décimos: → _____

b) 2 inteiros e 4 décimos: → _____

c) 1 inteiro e 9 décimos: → _____

d) 2 inteiros e 5 décimos: → _____

e) 3 inteiros e 1 décimo: → _____

f) 4 inteiros e 4 décimos: → _____

g) 2 inteiros e 8 décimos: → _____

h) 7 inteiros e 6 décimos: → _____

5. João tem dez moedas de 5 centavos, e Pedro cinco moedas de 10 centavos. Qual deles tem a maior quantia em reais?

_____

6. Escreva por extenso como lemos os números decimais a seguir.

   a) 9,8 → _____

   b) 7,4 → _____

   c) 5,5 → _____

   d) 2,7 → _____

7. Responda às questões.

   a) Qual é o resultado de 0,3 + 0,7? _____

   b) Qual é o resultado de 0,7 + 0,1? _____

   c) Qual é o resultado de 3,3 + 0,2? _____

8. Descubra e explique o segredo das sequências e complete-as.

   a)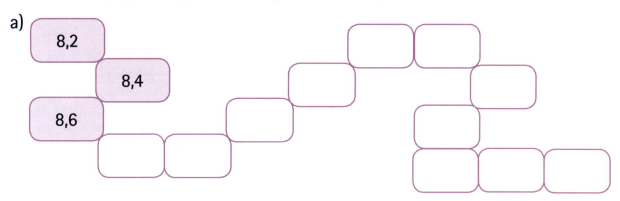

   Explicação:

   _____

   b)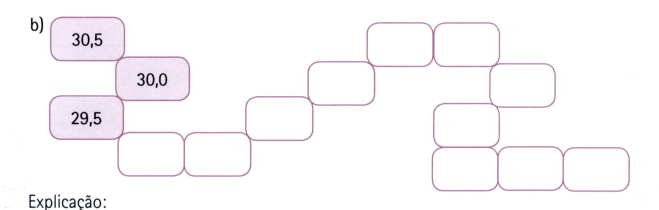

   Explicação:

   _____

35. Centésimos: centímetros e centavos

1 A figura a seguir foi dividida em partes iguais. Pinte as partes conforme a indicação da legenda.

 0,20   0,35   0,15   0,25

2 Escreva os números a seguir por extenso.

a) 51,88

b) 72,27

c) 7,45

3 Escreva as quantias por extenso.

a) 125,45 reais

b) 200,74 reais

c) 456,22 reais

4 Cada um dos quadrados abaixo representa 1 unidade. Pinte as quantidades indicadas em cada um deles.

quadrado A: 0,40

quadrado B: 0,60

Agora responda:

a) Qual é o resultado da adição 0,40 + 0,60? _____

b) Qual número é maior: 0,40 ou 0,60? _____

5 Resolva os problemas.

a) Vinte moedas de 10 centavos correspondem a quantos reais? _____

b) Quantas moedas de 50 centavos são necessárias para juntar a quantia de 20 reais?

_____

6 Observe a fita colorida e a régua, cujas medidas estão em centímetros, e depois responda às questões.

Fernando Favoretto/Criar Imagem

a) Qual é o comprimento da fita colorida?

_____

b) Aumentando essa fita em 1,7 cm, qual será sua nova medida?

_____

75

36. Milésimos: milímetros e mililitros

1 O cubo ao lado foi construído por meio do empilhamento de 1 000 cubinhos de mesmo tamanho. Responda:

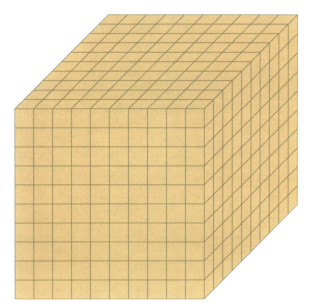

a) Quantos cubinhos correspondem a $\frac{1}{10}$ do cubo?

_____

b) Quantos cubinhos correspondem a $\frac{1}{100}$ do cubo?

_____

c) Quantos cubinhos correspondem a $\frac{1}{1\,000}$ do cubo?

_____

2 Observando a representação de uma régua em centímetros a seguir, determine, em milímetros, a medida do comprimento da fita verde.

Resposta: _____

3 Considerando que 1 litro corresponde a 1 000 mililitros, complete as lacunas:

a) 2,7 litros = _____ mililitros

b) 9,82 litros = _____ mililitros

c) 0,75 litro = _____ mililitros

d) 1,08 litro = _____ mililitros

4 Escreva o número decimal correspondente às frações a seguir.

a) $\frac{3}{1\,000}$ = _____

b) $\frac{45}{1\,000}$ = _____

c) $\frac{453}{1\,000}$ = _____

d) $\frac{92}{1\,000}$ = _____

5 Escreva as distâncias em quilômetros.

a) 1 250 metros: _____ d) 3 200 metros: _____

b) 850 metros: _____ e) 450 metros: _____

c) 320 metros: _____ f) 25 metros: _____

6 Escreva os números decimais resultantes das seguintes somas:

a) 2 000 + 300 + 40 + 5 + 0,8 + 0,07 + 0,003 = _____

b) 4 000 + 700 + 80 + 7 + 0,5 + 0,04 + 0,001 = _____

c) 8 000 + 600 + 10 + 2 + 0,4 + 0,06 + 0,009 = _____

d) 5 000 + 100 + 20 + 9 + 0,7 + 0,02 + 0,002 = _____

7 Resolva os problemas a seguir.

a) Marcos andou pela manhã 3,5 km e à tarde outros 2 000 metros. Qual distância ele percorreu ao todo, em metros?

Resposta: _____

b) Paula achou em sua casa um baú com 1 275 moedas de 1 centavo. Escreva por extenso a quantia que ela encontrou.

Resposta: _____

c) Mateus juntou 300 mililitros de água com 1,85 litro de suco para deixar o suco mais suave. Ao todo, quantos litros há nessa mistura?

Resposta: _____

8 Utilize uma régua para obter a medida de cada lado do retângulo abaixo. Depois, preencha as lacunas com as medidas obtidas.

altura _____

largura _____

Agora responda:
- Qual é o perímetro desse retângulo? _____

9 Utilize uma régua para desenhar no quadriculado a seguir os quadrados A e B, conforme indicado.
- quadrado A com perímetro 32,8 cm
- quadrado B com perímetro 21,2 cm

37. Adição e subtração com números decimais

1 Complete as seguintes adições e subtrações com números decimais.

a) $2,34 + 9,86 =$ _____

d) $12,34 - 9,86 =$ _____

b) $45,88 + 99,37 =$ _____

e) $145,88 - 99,37 =$ _____

c) $98,98 + 72,72 =$ _____

f) $98,98 - 72,72 =$ _____

2 Responda às questões.

a) Juntando 5 moedas de 25 centavos com 1 cédula de 10 reais, qual é a quantia total obtida?

Resposta: _____

b) Tenho 25,50 reais. Quanto preciso para completar 50 reais?

Resposta: _____

c) Tenho 9,75 reais. Quanto preciso para completar 20 reais?

Resposta: _____

3. Descubra e explique o segredo das sequências e complete-as.

a)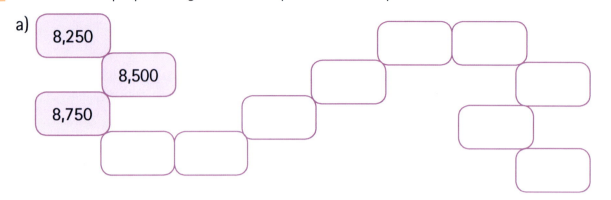

Explicação: _____

b)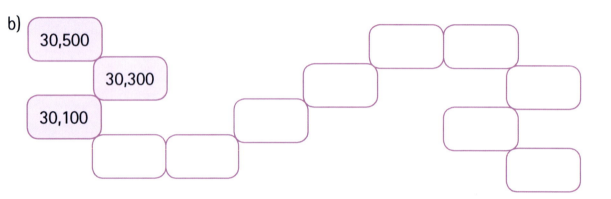

Explicação: _____

4. Utilizando uma régua, obtenha o perímetro da figura a seguir.

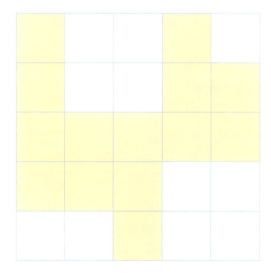

Perímetro: _____